Gofal
Gofal

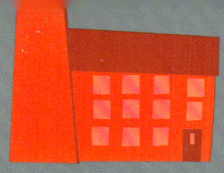

5

Siop y gornel

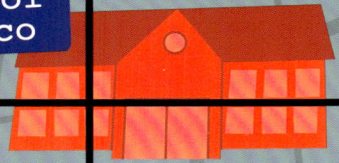
Ysgol Roco

4

TŶ Roco

Sio dega

Caffi

Coed hir

3

Afon y goedwig

2

Eglwys

Lly

1

Gog

Gorll ✦ Dwy

De

A   **B**   **C**

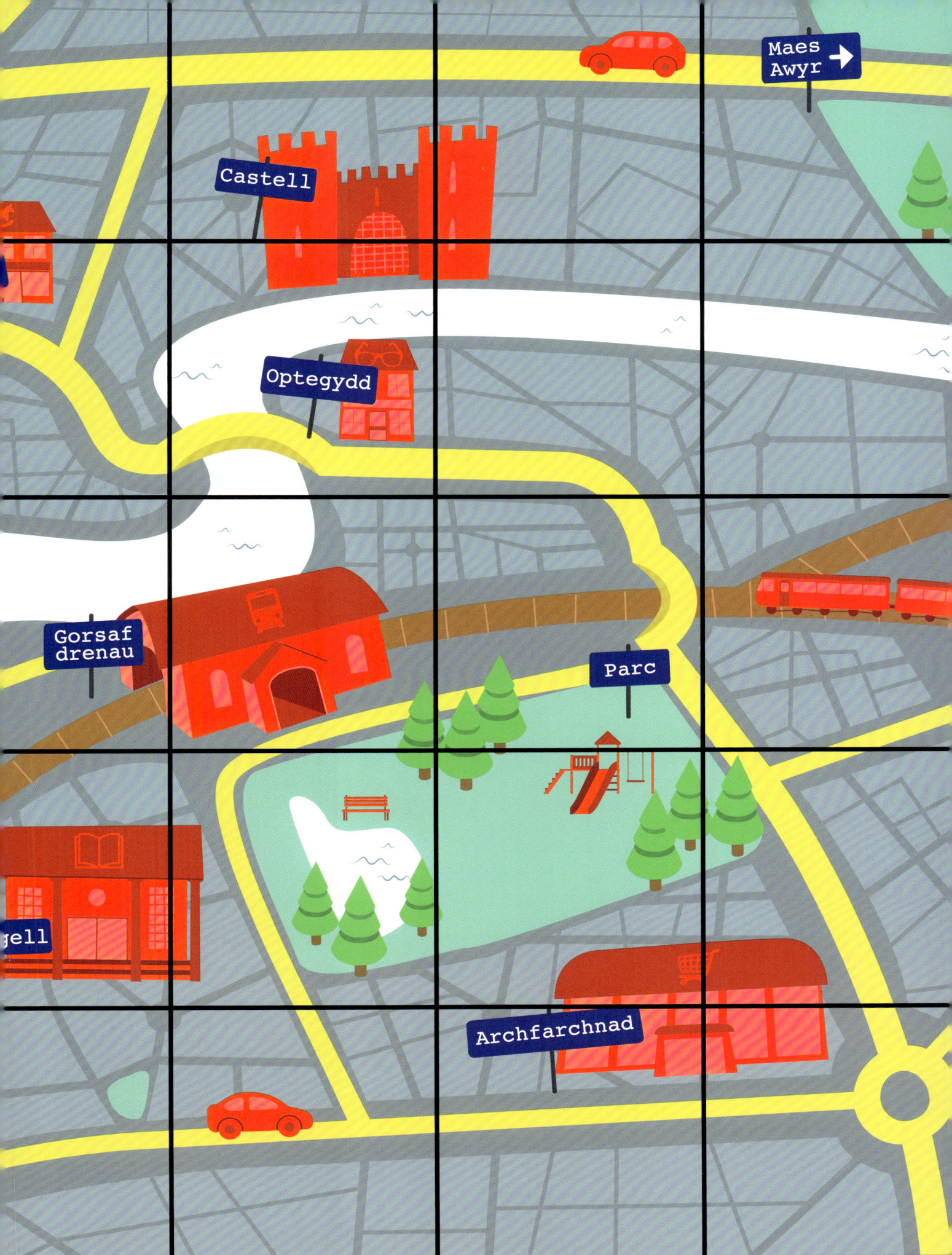

Maes Awyr →

Castell

Optegydd

Gorsaf drenau

Parc

gell

Archfarchnad

Ch | D | Dd | E

Roedd gwên ar wyneb mam Betsan, a phan oedd gwên ar wyneb mam Betsan, roedd hynny'n arwydd ei bod hi wedi cael syniad!

"Pwy sydd eisiau mynd am dro i'r dre?" gofynnodd.

Roedd Zee a Roco wedi dod i dŷ Betsan i chwarae. Roedd hi bron yn amser cinio, a phawb wedi bod wrthi trwy'r bore yn chwarae cuddio ac yn chwarae pêl allan yn yr ardd.

"Mynd i'r dre?" holodd Betsan. "Ond dydyn ni ddim wedi cael cinio eto!"

"Yn hollol!" atebodd ei mam. "Pwy fyddai'n hoffi cael cinio yn y dre?"

Yn syth, goleuodd llygaid Betsan, Zee a Roco. Roedden nhw wrth eu boddau pan oedden nhw'n cael mynd i'r caffi bach yn y dre. Saethodd dwylo'r tri i fyny'n syth gan weiddi "Fi, fi, fi!" yn gyffrous.

"Ac ar ben hynny, mi gawn ni gerdded draw. Mae hi'n braf ac mae'r haul yn gwenu. Fyddwn ni fawr o dro yn cyrraedd, a byddwch chi'n haeddu rhywbeth i'w fwyta a'i yfed wedyn," meddai Mam.

Gafaelodd y pedwar yn nwylo ei gilydd a dechrau cerdded i gyfeiriad y dre. Ymhen pum munud cyrhaeddon nhw'r man lle roedd rhaid iddyn nhw groesi'r ffordd.

"Pwy sy'n cofio sut mae croesi'r ffordd yn saff?" gofynnodd Mam. "Beth sy'n rhaid i ni ei wneud gyntaf?"

"Dod o hyd i le heb geir wedi parcio," atebodd Zee.

"Da iawn," meddai Mam. "Mae'n bwysig ein bod ni'n gallu gweld yn glir i groesi'r ffordd."

Daethon nhw o hyd i le saff i groesi.

"Beth sydd angen i ni ei wneud nesa, blant?"

"Edrych i bob cyfeiriad," meddai Roco.

"A gwrando'n astud," ychwanegodd Betsan.

"Ardderchog eto," meddai Mam.

Gwrandawon nhw, ac edrych yn ofalus. Roedd ceir yn mynd heibio ac felly arhoson nhw'n llonydd ar y palmant. Ymhen ychydig roedd y ceir i gyd wedi mynd.

"Edrych i'r dde, i'r chwith ac i'r dde eto," meddai Zee.

"Oes car yn dod?" gofynnodd Mam.

"Nac oes," atebodd pawb.

Felly croesodd y pedwar yn saff i'r ochr draw gan ddal dwylo ei gilydd bob cam.

"Da iawn chi," meddai Mam. "Mae croesi'r ffordd yn saff yn bwysig iawn."

Aeth y pedwar yn hapus yn eu blaenau a chyrraedd y caffi.

"Gawn ni eistedd wrth ymyl y ffenest, Mam?" gofynnodd Betsan.

"Wrth gwrs," atebodd Mam. "Mae bwrdd bach yn rhydd yn y cornel draw fan 'na."

Ar ôl i'r pedwar benderfynu beth roedden nhw'n mynd i'w gael, edrychodd Zee allan drwy'r ffenest. Gwelodd hen ddynes yn sefyll ar ochr y ffordd yn ceisio croesi. Roedd llawer o geir yn mynd heibio ac roedd hi'n cario bag a oedd yn edrych yn drwm iawn.

"Gawn ni fynd i helpu'r ddynes?" gofynnodd Zee.

Erbyn hynny, roedd y tri arall wedi gweld y ddynes hefyd.

"Cewch, siŵr iawn," meddai Mam. "Mae pobl dda yn helpu pobl eraill bob amser."

I ffwrdd â'r pedwar allan o'r caffi i ofyn i'r ddynes a oedd angen help arni.

"Wel, diolch yn fawr i chi. Dw i wedi bod yn sefyll fan hyn am beth amser, a does dim cyfle i groesi o gwbl."

Gafaelodd Zee a Betsan yn nwylo'r hen ddynes ac
edrych a gwrando fel roedden nhw wedi cael eu dysgu.
Safodd Roco a mam Betsan y tu ôl iddyn nhw, yn edrych
ac yn gwrando hefyd.

Ymhen munud, sylwodd pawb fod un car wedi aros iddyn
nhw groesi, a'r dyn yn y car yn
arwyddo ei bod hi'n iawn
iddyn nhw groesi.

"Mae'n well i ni aros i weld a ydy hi'n glir y ffordd arall hefyd," meddai mam Betsan.

Erbyn hynny, roedd y car yr ochr arall wedi aros hefyd. Edrychodd pawb yn ofalus unwaith eto i'r dde, i'r chwith, i'r dde, a phenderfynu ei bod hi'n saff iddyn nhw groesi. Roedd y ceir i gyd yn llonydd. Cododd Betsan a Zee law ar y gyrwyr i ddiolch iddyn nhw, ond gan gadw golwg ar y ffordd yr un pryd.

Ar ôl cyrraedd yr ochr draw, diolchodd yr hen ddynes i'r pedwar, a rhoi arian bob un i Betsan, Roco a Zee. Diolchodd y tri iddi hithau, a dweud "hwyl fawr".

"Hwrê!" meddai Betsan. "Gallwn ni gael hufen ia fel pwdin. A gallwn ni dalu!"

Croesodd y pedwar yn ôl i'r caffi'n saff, a mwynhau'r cinio a'r hufen iâ.

Ddefnyddiodd Betsan, Zee a Roco ddim croesfan ffordd yn y stori. Arhoson nhw i'r traffig glirio cyn croesi.

Dyma rai ffyrdd eraill y gallwch chi groesi ffordd.

Croesfan i gerddwyr – cofiwch aros am y dyn bach gwyrdd!

Croesfan sebra - arhoswch i'r traffig stopio'n stond cyn croesi.

Weithiau, gallwch chi ddod o hyd i bont droed neu danlwybr i fynd dros y ffordd neu o dani.

MULP A/06/2020